CATALOGUE RAISONNÉ

DES

ÉCRITS DE M. Armand MAIZIÈRE,

Ancien Professeur aux Écoles centrales et dans les Lycées.

* * *

1. (1792.) *Projet pour prévenir la disette, pour prévenir les sanglantes émeutes périodiques; et pour élever au plus haut degré la liberté du commerce des blés, et la prospérité de l'agriculture.*

Enquête sérieuse simultanée par commune, dès le mois de septembre, sur les chiffres de la récolte de blé, de la consommation, de l'excédant ou du déficit; envoi au canton; chiffres analogues pour le canton, envoyés au district; résumés pareils envoyés au département, puis au ministère.

Premier décret qui fixe les trois chiffres : récolte, consommation, excédant ou déficit. Soit un excédant égal à une demi-récolte (on sait qu'à cette époque, l'opinion générale était qu'une récolte commune valait trois fois la consommation) : disposition équitable du décret, qui consacre à la consommation les deux-tiers de la récolte d'un laboureur; en lui garantissant pour le troisième tiers la liberté plénière du commerce.

Pour exécuter la distribution des deux-tiers de la récolte entre toutes les communes, un travail de bureau pendant les trois mois octobre, novembre et décembre, réglerait les centres de fournitures, les livraisons à faire, les livraisons à recevoir au moins par transit, les paiements à faire en mandats des départements.

En janvier serait fixée la solennité pieuse du partage fraternel des grains, contre les mandats, qui seraient acquittés mois par mois, conformément à une instruction ministérielle. Les voitures à charge ou à vide devraient n'aller qu'à une journée de marche, gratuitement.

Etc., etc.

Ce projet fut lu à la société populaire de Strasbourg, et y produisit d'abord un enthousiasme assez vif. Mais un avocat, d'une élocution brillante, M. Monet, sous le prétexte absurde, qu'il n'y avait pas lieu à appliquer mon projet, en cette année de détresse ; et que c'était surtout dans la République qu'il fallait se garder de porter atteinte au principe des économistes sur la liberté la plus absolue du commerce ; principe qui, même dans l'espèce, devait suffire à une répartition spontanée, utile, et beaucoup plus simple, des produits de nos moissons ; développa avec chaleur quelques lieux communs sur la liberté ; et fit passer l'assemblée à l'ordre du jour.

Ainsi, cinq minutes d'éloquence ont condamné la France à subir, plus de six fois depuis cinquante-neuf ans, les fléaux de la famine et de son affreux cortège ; et nous avons perdu le droit d'offrir soixante ans plus tôt à l'univers le spectacle admirable d'une nation libre qui, par son intelligence et son union, sait se préserver des maux les plus cruels.

2. (1793.) *Sur les journées des 31 Mai, 1 et 2 Juin.*

J'apprends le samedi soir qu'une assemblée générale était convoquée à l'hôtel-de-ville de Châlons, par le conseil du département de la Marne, pour le lendemain, à 9 heures du matin ; ayant pour motif de prendre les armes contre les faubourgs anarchistes de Paris ; qui, disait-on, avaient violé l'enceinte de la Convention ; avaient fait incarcérer les députés les plus éminents, et opprimaient la majorité de la chambre.

Je me trouvai à la réunion. On lut les adresses votées par quatre conseils de départements de l'Ouest et du Sud, dont les populations marchaient contre Paris. On lut l'adresse rédigée par la mairie, ayant le même but de prendre les armes, et de voler à la délivrance de la Convention. Le président déclara ouverte la délibération sur la mesure. Je demandai la parole, mais pour la céder avec respect à l'un des soixante magistrats présents, qui, avec mon opinion politique, aurait, par sa dignité, par son éloquence, par ses services, plus de moyens de faire triompher la vérité de la fatale erreur, où l'on voulait entraîner notre beau département. Et, personne ne se levant,

je lus un discours que j'avais passé une partie de la nuit à rédiger : sur le crime de la révolte contre la première autorité légale ; sur l'horrible fléau de la guerre civile, que je ne pouvais consentir à laisser éclater derrière moi, quand je volais à la frontière, verser mon sang pour la patrie ; sur les périls dont la République était menacée par le fédéralisme, qui pouvait offrir des avantages séduisants à 60 députés formant par leurs talents l'élite de la Convention. Je payai mon tribut d'estime et d'admiration pour ces illustres législateurs ; mais je déplorai qu'ils n'eussent pas su déposer sur l'autel de la patrie leurs intérêts personnels, leur ambition, leur opposition à l'unité et à l'indivisibilité de la République, en un moment où nous avions sur les bras toute l'Europe coalisée contre nous, etc., etc.

On fut ébranlé, et, après une discussion confuse, on convint d'attendre les enseignements du jour, et de se réunir le lendemain à la même heure, pour la décision.

Le soir même, des commissaires conventionnels n'eurent pas de peine à détourner le cours des idées. Et un an après, les conseils-généraux des quatre départements révoltés furent condamnés à mort.

3. (1800.) *Mémoire sur le phénomène naturel d'une grotte maritime, qui élance des colonnes d'eau à 30 mètres de haut, dans l'île de Ténériffe.*

Présenté alors à la société d'encouragement pour l'industrie, par la société d'agriculture de Boulogne-sur-Mer, mon mémoire resta dix ans enfoui, à mon insu, dans les papiers de Montgolfier....

Représenté à l'académie des sciences en 1817, il y eut un moment d'éclat.

Explication du phénomène naturel, explication même du bélier hydraulique (invention récente de Montgolfier), et calcul mathématique de l'effet de la construction simple et économique d'une machine qui, ayant l'impulsion d'une vague de la mer, pour force comprimante de l'air de la caverne; qui, réagissant sur un petit volume d'eau au bas d'un tuyau vertical, élève cette eau à une grande hauteur, et fournit ainsi assez d'eau pour alimenter un canal remontant de la mer à l'intérieur.

4. (1801.) *Pêche du Hareng à Boulogne.*

La pêche du hareng commence à Boulogne avec l'automne. En temps de paix, elle se terminait en janvier. A cette époque de la nouvelle année, le gros de la colonne occupait les côtes de la Bretagne. Depuis la guerre de la révolution, les pêcheurs boulonnais trouvèrent quelque profit à continuer en hiver leur pêche encore assez abondante, mais consistant en poissons vides et de plus en plus menus. Le bruit de cette nouvelle ressource de Boulogne, qui en vint après quelques années, à égaler le produit de la pêche d'automne, excita les alarmes de la Bretagne, qui cependant vendait toujours sa pêche journalière. Et on commit la faute d'adresser au gouvernement une pétition pour interdire aux Boulonnais la pêche d'hiver. On fit une enquête générale sur le *commodo* et l'*incommodo* de la prolongation de la pêche boulonnaise après le 1er janvier. La Picardie et la Normandie eurent le tort de prendre fait et cause pour la Bretagne.

Le sous-préfet de Boulogne recueillit, parmi les anciens du pays, et dans les rumeurs ébruitées, une trentaine d'objections graves contre la pêche boulonnaise au-delà de décembre. Les derniers produits de la pêche étaient vides, disait-on, maigres, chétifs, de nulle valeur, insalubres, de mauvaise garde, prenaient mal le sel et la fumée.

Je pus réunir, chez les pêcheurs et les négociants, les faits avérés sur l'usage nouvellement établi. La Providence s'était complue à multiplier en faveur de Boulogne l'arrière-garde de la colonie voyageuse, à rendre la pêche d'hiver profitable jusqu'au double de la pêche d'automne, et à donner à ces derniers barils de poissons la propriété merveilleuse de se gonfler et de s'améliorer au passage de la ligne, et d'arriver en Amérique et dans l'Inde en si bon état, qu'on les préférait de beaucoup même aux gros harengs de Hollande. Le reproche de leur insalubrité fut reconnu une pure calomnie, habilement émise par les Hollandais, etc., etc.

Il y avait au ministère des centaines de mémoires contraires à Boulogne. Un seul lui était favorable. Et le gouvernement accorda la prolongation demandée jusqu'en mars.

5. (1809.) *Discours sur les connaissances naturelles, quant à la suprématie.*

Les lettres ont eu et devaient avoir l'antériorité. Leur mission, qui s'ennoblira encore un jour, n'a guère été jusqu'à présent que de procurer des émotions aux classes éclairées, de charmer leurs loisirs égoïstes, d'immortaliser les actions plus brillantes que vertueuses des favoris de la fortune et du pouvoir, et d'exercer une partie de nos facultés intellectuelles.

Les sciences ont une influence positive, incontestable, sur l'accroissement simultané, et de la richesse des classes de la propriété, et du bien-être des classes du travail. Elles exercent d'autres facultés de notre intelligence; et leur carrière est inépuisable.

Mais un troisième ordre des créations de l'esprit humain, la morale, qui est l'ensemble rationnel de nos devoirs envers Dieu, envers nous-mêmes et envers nos semblables, mérite mieux la palme, le premier rang entre les connaissances humaines.

6. (1813.) *Mémoire couronné à l'académie de Bordeaux, sur la synthèse et l'analyse en mathématiques.*

La synthèse, principe et méthode, a dû nécessairement avoir l'antériorité, dans la génération d'une branche de mathématiques. Elle dirige nécessairement nos premiers pas; elle recueille nos premières affections....

L'analyse, principe et méthode, dès qu'elle peut naître dans notre esprit, nous inonde de sa lumière; nous subjugue par sa régularité, et par sa fécondité.

* 7. (1835.) *Développements sur les nombres et les rapports en géométrie.*

Les premières notions de chaque branche des mathématiques élémentaires offraient en plus grand nombre qu'aujourd'hui, et ont encore conservé des lacunes, des obscurités; faute de définitions bien faites, motivées; et faute d'une nomenclature judicieuse, établie et imposée, après un concours public et honorable; seul moyen de faire surmonter le dégoût de revenir sur les ronces et les broussailles qui obstruent les premiers pas dans chaque division des sciences exactes; et qui rebutent ou affligent longtemps les néophytes sérieux.

8. (1854.) *Premier mémoire sur les plantations d'arbres.*

Examen du proverbe agricole : Un arbre, après 30 ans, vaut 20 fr. à son propriétaire, dans presque tous les sols, surtout en bordure d'un champ d'au moins un hectare. Et conséquence économique pour toute la France.

9. (1859.) *Mémoire sur la masse d'air atmosphérique, tantôt absorbée, et tantôt restituée à notre enveloppe; et sur les mouvements que cette restitution fait naître dans la mer, à sa surface et dans l'atmosphère.*

Mon mémoire, lu à l'Institut, quoiqu'en un jour néfaste, 13 mai 1859, a d'abord excité un intérêt visible. Mais ensuite le bureau a fait naître une impression défavorable, en secret motivée sans doute sur le peu de valeur littéraire et analytique de mon écrit, sur quelques fautes, dont j'ai vainement sollicité l'énoncé; et en apparence, sur l'absence d'une conclusion explicite, que je laissais à faire aux auditeurs. Les commissaires nommés sont restés pour moi inaccessibles, sourds et muets. Cependant le fait météorologique n'en est pas moins une vérité de quelque importance. Peut-être aurai-je le temps d'améliorer mon mémoire à moi seul. Peut-être aussi le règlement de l'Académie sera-t-il réformé; ce qui est certainement dans l'intérêt de la science et de la République.

Peut-être enfin, le public savant aura-t-il la satisfaction de voir réalisée la promesse solennelle d'un illustre académicien, qui avait annoncé le tableau motivé des principes naturels, qui ne peuvent plus être l'objet d'un doute. Travail bien précieux pour éclairer l'enseignement, et pour diriger et concentrer les efforts sur les seuls points encore ignorés ou obscurs.

10. (1841.) *Sur la tutelle consciencieuse des classes prolétaires.*

Cette tutelle est, pour l'état et pour les classes privilégiées, un devoir sacré, négligé trop longtemps par inintelligence. C'est une réparation d'un long abandon. C'est une mesure de haute politique. Cette tutelle, par une sorte de miracle providentiel, peut être exercée aux frais des seules basses classes; en créant même, au profit des classes moyennes et hautes, des emplois nouveaux et de hautes dignités.

PRINCIPES INCONTESTABLES.

Durant beaucoup d'années de paix intérieure et d'activité sans chômage, le prix du kilogramme du pain a pu monter à quarante centimes et plus, sans troubler l'ouvrier, ni faire disparaître le blé de dessus les marchés. Depuis trois ans, le laboureur vend son blé 14 fr. l'hectolitre; et le boulanger vend 0ᶠ,185 le kilogramme de pain.

Année moyenne, l'hectolitre de blé est vendu 17 fr., et le kilogramme de pain 0ᶠ,2246.

Quand l'hectolitre est à 22 fr., le kilogramme de pain vaut 0ᶠ,29.

Si l'hectolitre arrive à 22 fr., le laboureur est dans la prospérité. Supposons-le fixé à ce taux, seulement pour le prolétaire. Pourvu que l'administration emploie avec surveillance les moyens naturels de prévenir les chômages, le prolétaire ne sera pas opprimé ; et par conséquent l'industrie sera préservée de beaucoup de tribulations. Bien plus, si l'on consacre, avec publicité et sincérité, à l'amélioration du bien-être de la classe inférieure, la différence, qu'il paiera par son travail, 5 fr. par hectolitre, entre 22 fr. et 17 fr. et par conséquent $5^f \times 3^{hl},2$ ou 16 fr. l'année ; le prolétaire sera satisfait, il ne sera plus jamais réduit à la nécessité infâme de faire la concurrence au prolétaire ; il sera plein de reconnaissance envers Dieu et envers la patrie ; le laboureur sera favorisé, l'industriel sera protégé, et le riche verra plus que jamais accroître sa fortune et sa considération.

En effet, 16 fr. par individu, forment 80 millions par million de prolétaires. Ce revenu annuel de 80 millions peut, par des encouragements publics donnés aux seuls bons ouvriers, d'après le scrutin de leurs pairs, procurer à l'industrie, au trésor, et à la morale publique, des valeurs de plus de 100 millions.

Que sera-ce donc, quand on songera que la production et la gestion de cette sorte de revenu peuvent être rendues paternelles et populaires, en y appelant des prolétaires choisis par leurs pairs, et à l'aide d'instructions éclairées, et d'une grande publicité ; quand on songera que le nombre à protéger des prolétaires peut être porté à six millions, à dix, à vingt millions et au-delà ; que le vin, la viande à consommer en famille, peuvent semblablement présenter des recettes de plus en plus productives, etc, etc.?

La classe des prolétaires sera rehaussée insensiblement par soixante mille emplois de gérants de bureaux à 2 000 fr. pour le pain, pour la viande et pour le vin ; et par soixante mille emplois secondaires à 1 000 fr.,...en tout . . . . .180 millions.

Ces premiers emplois seraient nommés au scrutin des prolétaires.

La classe moyenne serait dotée de 2 000 emplois à 1 000 fr. dans les cantons ; de 400 emplois à 2 000 f. dans les arrondissements.

La haute classe serait dotée de 86 emplois à 3 000 f. dans les départements ; et à Paris, de 10 emplois de 4 000 fr., avec un de 10 000 fr. ; plus 100 inspecteurs à 3 000 fr.

Total . . . . 3 408 000 f.

En outre, ce patrimoine pourra servir :

1° En commençant par les plus pauvres familles, à établir les crèches, les salles d'asile, l'éducation obligatoire, primaire et chrétienne, dont les effets seront si précieux pour la morale publique, etc.

2° A élever solennellement chaque année au rang de petit propriétaire, dans chaque département, quelques bons ouvriers, désignés au scrutin de leurs pairs.

3° A puissamment encourager une centaine d'ouvriers par département.

4º A remplacer les octrois par des revenus qui n'auront aucune influence fâcheuse sur le prix de revient des produits industriels.

5º A procurer la liberté la plus entière, pour chaque laboureur, au commerce de la partie de sa récolte, qui excède son contingent légal à l'approvisionnement des prolétaires.

6º A préparer peu à peu la classe des prolétaires à dignement remplir les devoirs civiques, à éteindre peu à peu les défiances et à effacer les différences d'instruction, d'éducation et de dévouement à la patrie.

7º A ouvrir une carrière féconde d'institutions sacrées et utiles, en harmonie avec l'activité française.

Etc., etc.

Une anecdote singulière, c'est qu'en 1841, j'ai en vain offert au roi Louis-Philippe la lecture de cet écrit, qui, même avec de grandes modifications, aurait préservé sa couronne et sa gloire, mieux que les règles vermoulues de la diplomatie héréditaire.

* 11. (1842.) *Météorologie.—Les Vents alizés.*

Confirmation du premier des deux éléments de notre vent alizé, le courant N. S.

Infirmation du second élément E. O. Le calcul le démontre impuissant à produire son contingent dans le vent alizé boréal.

Le calcul du mouvement d'un même atome d'air, soumis, dans notre cône lumineux, surtout le matin et le soir, aux actions accélératrices à peu près constantes d'intensité, et sensiblement variables de directions, d'un groupe d'atomes lumineux newtoniens, d'une subtilité suffisante, pour en rendre impondérable un volume fini ordinaire, peut seul rendre raison des mouvements intestins, immenses, périodiques, durables, qui brassent, bouleversent au loin les couches élevées de toute notre atmosphère, y produisent tous les jours de grands fleuves aériens ascendants; qui, par la pesanteur et par l'amoindrissement de leur cours, descendent dans la région basse atmosphérique; et, soit par leur opposition, soit par leurs combinaisons, semblables selon les saisons et les sites géographiques, produisent les vents généraux, depuis le zéphir jusqu'à la tempête; et en particulier, le calme, ou le phénomène du second élément EST-OUEST, de notre vent alizé.

* 12. (1842.) *Notice sur l'atmosphère de la lune, présentée à la société royale de Lille, le 15 juin, avant l'éclipse du soleil.*

Proportion gardée entre la lune et la terre, la lune a une atmosphère qui n'atteint pas les cîmes de ses plus hautes montagnes...explication de la couronne lumineuse en nouvelle lune.....

* 13. (1842.) *Météorologie. Deuxième mémoire. Causes générales des vents irréguliers.*

1º Impulsion solaire sur les atomes aériens; 2º impulsion sur les atomes d'air par les courants du calorique dégagé dans la décomposition des grandes masses de ballons aériens, et de vapeurs aqueuses incessamment élevées entre les tropiques, et envoyées vers les pôles. La durée d'un vent est celle de la décomposition chimique du nuage qui a fourni le calorique du courant subtil, générateur du vent.

Démonstration de l'erreur dans l'explication par Franklin sur les deux ouragans observés sur la côte N.-E. des Etats-Unis.

C'est aussi par erreur que l'on a attribué au phénomène régulier de la grande vaporisation équatoriale, la création, sur notre hémisphère boréal, d'un vent intense quelconque de quelque durée, autre que notre courant universel inférieur N.-S., et notre courant supérieur S.-N.

Observation de l'inadvertance échappée à Newton et aux grands géomètres du 18me siècle, en n'appliquant pas les règles du calcul le plus simple à l'impulsion sur les atomes aériens des atomes subtils lumineux, et des atomes du calorique terrestre, également animés d'une vitesse de trente mille myriamètres à la seconde; d'où ils auraient vu naître des vents, depuis le zéphir jusqu'à l'ouragan, de directions les plus variées.

14. (1842.) *Allocution sur l'ouverture de ma cuve en décembre, après l'expérience de mon Paracasse de mille bouteilles.*

Je décris l'appareil, sa conduite facile et la marche du gaz observé durant les sept mois de la compression. J'annonce l'égalité de mérite en mousse et en qualité, qui va être trouvée entre les produits du Paracasse et les meilleures bouteilles des quatre lots de confrontation, qui ont été traités selon l'usage, mais qui avaient, en été, subi les casses de 40, 50, 60 et 80 pour 100; et exigé deux relèvements des tas.

Quoique des craintes eussent été formulées par un homme expert, sur mes bouteilles longtemps captives, à leur rentrée dans l'atmosphère et à l'apparition de la sève de la vigne; mes assertions ont toutes été justifiées.

L'accusation portée par un seul témoin, d'un filet nuageux observé dans l'un des flacons dégustés, a été expliquée par toute l'Assemblée comme l'effet d'une petite secousse donnée au flacon. Et les années suivantes ont confirmé cette explication et mes prévisions.

*** 15.** (1843.) *Etoiles filantes.*

Phénomène assez semblable à celui de l'étincelle tirée d'un corps électrisé; à la surface duquel, selon moi, le calorique a des mouvements de rotation parallèles, à grandes vitesses. Un corps qui s'en approche y détermine un centre d'attraction sphérique, dont les rayons de calorique, par leur concours au centre, ou foyer, ou pôle, y causent l'étincelle; à peu près comme les rayons réfractés de la lentille déterminent un point lumineux à son foyer. Avec cette différence que, comme la lentille, et par conséquent son foyer sont immobiles, le point éclairé est fixe, et sa lumière durable, tant que la lentille est éclairée. Tandis que, dans le cas du courant de calorique, par cela que le corps voisin, soit un courant d'air atmosphérique, soit un bolide de l'espace, possède une vitesse propre planétaire, qui est aussi le partage de son foyer, il s'y forme ainsi une image de feu, ayant la direction du mouvement du foyer, et une longueur ou un angle visuel proportionné à la vitesse de ce mobile voisin.

Or, notre atmosphère, ainsi que l'espace au-delà, sont sillonnés dans tous les sens, par une foule de fleuves de calorique obscur plus ou moins denses, pourvus de vitesse planétaires, décrivant des orbites elliptiques autour de la terre. Ces fleuves proviennent de la décomposition chimique, des masses de ballons aériens et aqueux, élevés de la zone torride, et ramenés vers les deux pôles terrestres. Ce sont, avec l'impulsion directe des rayons solaires, les principales causes des vents irréguliers et durables.

Mon petit écrit expose la découverte de M. Coulvier pour tirer, de la direction et des autres circonstances des étoiles filantes, une connaissance, souvent vérifiée, du vent pour les deux jours suivants. Utilité de cette méthode, quand on cessera de priver de publicité les études déjà entreprises.

* 16. (1843.) *Sur la constitution du calorique, matière subtile selon le système de l'émission.*

L'attraction entre deux atomes de calorique est fort supérieure à celle entre deux atomes grossiers. Elle a une influence prépondérante dans le phénomène de la cohésion des corps. Cette attraction est la cause unique de l'élasticité des corps, de la dilatation, et de la condensation en général, soit quand le calorique peut s'accumuler ou s'amoindrir en un même corps, soit par la compression ou la dépression du corps.

La répulsion statique est une bévue, fondée sur l'oubli du rayonnement.

Le calorique est de la lumière avec plus de masse et moins de vitesse.

Le calorique affecte plusieurs états : le repos absolu instantané ; le repos apparent en un ballon d'air, ou d'eau en vapeur ; le mouvement oscillatoire, calculable. Il acquiert des vitesses astronomiques inégales de vingt à trente mille myriamètres en une seconde, par une gravitation pure en quelques millièmes de seconde. Ces propriétés de gravitation, de grandes vitesses variables, de rayonnement....lui sont communes avec la lumière.

Etc., etc.

17. (1843.) *Premier dialogue sur le Paracasse, réfutation des erreurs avancées par mes adversaires.*

On me communiqua une dizaine de reproches adressés au Paracasse, tels que le haut prix, 20 mille francs, de ma cuve (pour 90 mille bouteilles en un an) ; il faut payer le Paracasse dans l'année, tandis que le vin ne se paie qu'après trois ans ; le point difficile du commerce n'est pas la préservation du vin et du verre ; mais le placement des produits, et une garantie contre l'inconstance du goût des consommateurs ; il n'est

pas vrai, qu'en employant une cuve beaucoup plus grande que celle de
1000 bouteilles qui a servi à l'expérience, on obtienne un avantage
croissant; parce que la dépense de l'enveloppe croît comme le cube du
diamètre, et que le nombre des bouteilles ne croît que dans le même
rapport, etc.

Mes réponses furent péremptoires sur ces articles et sur dix autres.
Mais je fus impuissant à porter dans les esprits et dans les cœurs assez
de lumières, de patriotisme et de confiance pour faire viser au perfec-
tionnement des vins de première classe, maintenus au prix actuel, pour
améliorer les vins ordinaires en abaissant leur prix, et confectionner
une troisième classe de vins naturels pour les fêtes de familles populaires. Je ne pus vaincre la routine et l'égoïsme.

18. (1844.) *Second dialogue sur le Paracasse. Calcul de ses avantages.*

19. (1844.) *Explication, plus prompte dans la pratique que celle donnée par Buffon, du miroir d'Archimède.*

Au lieu du procédé si lent à préparer, et si dispendieux..., par lequel
Buffon a cru faire revivre le miroir d'Archimède, il est plus vraisem-
blable que l'invention de l'ancien géomètre fut une simple multiplica-
tion du jeu des enfants sur les images solaires de leurs petits miroirs
plans; images qu'ils savent en un instant, et simultanément, fixer à volonté sur un point éloigné à l'ombre.

Rien de plus simple à pratiquer que de former en peu de minutes,
une dizaine de sous-officiers, à diriger, au commandement, sur un
même point nommé à l'ombre, les dix images de petits miroirs qu'ils
présenteraient au soleil; puis de leur faire exercer à cette manœuvre
quelques centaines de soldats, etc., etc.

20. (1844). *Méditations sur l'industrie.*

L'industrie était avilie chez les anciens, qui l'abandonnaient aux es-
claves; à qui du moins elle procura parfois le bienfait de l'affranchisse-
ment. Elle a commencé après les croisades à jouir de quelque considération parmi nous. Et c'est seulement depuis Henri IV qu'elle a
pris rang entre les sources de nos richesses. D'abord son revenu n'était
pas la moitié de celui du sol. Aujourd'hui, elle égale l'agriculture par
son revenu; et promet de la surpasser bientôt, parce qu'elle opère sur
les spéculateurs et sur la jeunesse des champs, l'effet d'un charme irré-
sistible. Elle appelle les méditations du politique, du philosophe, et de
l'homme religieux..

Une propriété dont elle jouit au suprême degré, c'est la puissance
magique de contraindre le riche à cesser de thésauriser, comme faisaient
nos ancêtres; de les faire renoncer en grande partie au luxe de la chasse,
des écuries, des meutes, des laquais fainéants, qui florissaient au
moyen-âge; de les faire renoncer en grande partie aux jeux égoïstes et
stériles de ce siècle; d'entraîner le riche à consacrer une partie de son
revenu au luxe des ameublements, au luxe des beaux-arts, au luxe de

la protection du commerce, et des spéculations industrielles, qui procurent plus de bénéfices que l'agriculture et que les jeux de la bourse et de l'agiotage. Les placements industriels acquerront encore plus de sécurité et de crédit, quand l'administration commencera à remplir, avec publicité et sincérité, les devoirs de la surveillance, de l'activité, de la prévoyance et de la protection générale. C'est seulement alors que l'industrie, ne pouvant plus éprouver les fléaux du chômage, des émeutes et du monopole, marchera d'un pas réglé vers le but que Dieu lui a assigné, savoir : l'accroissement le plus rapide de la fortune des riches; et l'amélioration par degrés insensibles du sort matériel, moral et intellectuel des prolétaires.

* **21. (1845.)** *Sur la peinture d'une roue en mouvement.*

Règle pratique. Décomposition du mouvement réel en ses deux éléments; celui de rotation et celui de translation; et calcul des petites lignes décrites en sept tierces, durée d'une impression oculaire.

* **22. (1845)** *Sur la représentation du mouvement du fuseau d'une fileuse.*

Règle pratique.

23. (1845.) *Souscription pour une grande expérience authentique sur le Paracasse de quinze mille bouteilles, qui devait être précédée d'une discussion préalable et par écrit entre des commissaires élus et moi.*

* **24. (1845.)** *Théorie élémentaire du magnétisme minéral,*

Où l'on explique naturellement 1° l'attraction, 2° la répulsion (effet dynamique), 3° l'inclinaison, 4° la déclinaison, 5° les variations diurnes, 6° les affollements.

* **25. (1845.)** *Essai sur la direction du vaisseau aérien.*

Premier calcul d'une enveloppe assez grande et assez résistante pour soutenir dans l'atmosphère une petite machine à vapeur, force motrice des ailes propres à la translation.

* **26. (1846.)** *Seconde tentative d'une souscription pour une expérience en grand et authentique sur le Paracasse, à faire précéder d'une discussion écrite sur les plus grandes difficultés; la conduite de l'expérience étant soumise préalablement à une commission élue par les commerçants.*

* **27. (1846.)** *Origine et développement du commerce des vins de Champagne.*

Première impression.

* **28. (1846.)** *Mémoire sur le morcellement.*

N'imitons pas les journalistes citadins, qui confondent le morcellement de propriété avec le morcellement des champs et de culture; admirons la sagesse et le courage des simples travailleurs des champs, qui, de leurs épargnes amassées, ont su depuis soixante ans se procurer des morceaux de terre, qui, dans les temps difficiles, les mettent à l'abri du chômage et de la cherté. Admirons leur intelligence, qui, en leur faisant dépenser beaucoup plus à proportion que le gros laboureur sur un are (parce qu'il faut bien compter le salaire des journées qui semblaient condamnées au chômage), leur fait tirer de leur propriété un produit supérieur à la fois en masse, en qualité, et en profit net.

* **29.** (1846.) *Colloque sur le vin mousseux.*

Dernière tentative pour rendre palpable la faute des négociants en refusant mon Paracasse, qui épargnerait aux producteurs et à la France une perte de trois millions, seulement sur le prix de revient, etc.

* **50.** (1846.) *Mes adieux à l'industrie du Paracasse.*

31. (1846.) *Controverse sur les idées innées.*

Leur réfutation péremptoire; justification du docteur Hutcheson contre M. Cousin, sur le point des idées innées.

52. (1847.) *Le songe du roi Louis-Philippe.*

Vision, où son fils, le duc d'Orléans, obtient de venir lui ouvrir les yeux sur l'aveuglement qui le pousse à protéger les hautes classes bourgeoises, qui ne le protégeront pas; et à sacrifier les classes prolétaires, dont il lui est si facile de conquérir le dévouement par des bienfaits, qui ne coûtent rien aux riches, ni à l'État.

Le manuscrit a été quelques semaines entre les mains du docteur Landouzy, puis a été perdu entre les mains de M. Houzeau-Muiron; si j'en ai le temps, je le récrirai.

55. (1847) *Nouveau songe du Viel Pélerin.*

J'assiste à un dialogue entre Dieu et un Ange; au moment où va être créé le genre humain. Grand-livre dont les premiers feuillets comprennent les événements, les fautes, les crimes et les malheurs épouvantables des hommes pendant les 4 mille ans de leur seconde enfance. Lois éternelles sur le châtiment de plus en plus sévère de toute la famille, tant qu'en faisant un criminel usage du libre arbitre, on s'acharnera à la poursuite du bonheur égoïste des puissants, en négligeant la garantie de l'existence, du travail et du bien-être, croissant par degrés insensibles des prolétaires, ce qui entraînerait la garantie et l'accroissement rapide de tous les biens des propriétaires. Lois éternelles, simultanées des progrès continus de l'esprit humain, de l'intelligence universelle, et de la masse des hommes justes et éclairés; tandis que la race des hommes iniques et ignorants est condamnée à rester stérile et à s'entre-détruire....

Conséquences de ces lois pour une époque prochaine de retour aux préceptes de l'amour de Dieu et du prochain.

34. (1847.) *Développement de quelques vérités sur le libre échange.*

Vains efforts des écrivains panégyristes des abus, et ignorants en économie. Ils ne parviendront plus à rendre aveugles la masse des consommateurs et celle des vrais industriels, sur leurs premiers intérêts et sur les effets désastreux des droits élevés et des prohibitions, qui nous désolent depuis 35 ans, et qui n'avaient été demandés que pour cinq ans.

Les gros producteurs de blé, de bestiaux, de laine, de bois, de fer, de houille, et d'huile, obtiennent 100 millons de bénéfices ; à la faveur d'un impôt levé sur tous les consommateurs et sur l'industrie générale ; qui à elle seule, bénéficierait de 300 millions, si le gouvernement, équitable et éclairé, déclarait sa volonté immuable de lever toutes les prohibitions, et d'amener peu à peu les droits trop élevés à un taux simplement protecteur ; non seulement pour la classe des *conservateurs*, mais pour la classe cinquante fois plus nombreuse des industriels actifs et habiles, dont les produits cesseront d'être rendus trop chers, par le haut prix des bons outils et des matières premières ; et ce taux, surtout protecteur pour la classe bien plus nombreuse des *consommateurs.* Cette mesure aura de plus l'effet de détruire la lèpre de la contrebande, et de faire bénéficier annuellement les *anciens protégés* eux-mêmes de 200 millions en peu d'années.

35. (1847.) *Le Roi, le Prêtre et le Philosophe.*

Entretiens où un roi, ami du peuple, provoque une controverse libre et sage sur les mesures propres à garantir aux riches leurs propriétés, aux spéculateurs l'accroissement de leur fortune, aux travailleurs le salaire et l'augmentation petit à petit de leur bien-être matériel et moral ; à la religion, le retour des cœurs des prolétaires et des classes éclairées, rendues plus que jamais chrétiennes, par la justification du plan de Dieu sur notre temporel, plan qui ne pouvait être connu qu'au temps marqué ; garantir aux dignités législatives, diplomatiques, administratives, judiciaires, militaires, navales et ecclésiastiques, des hommes recommandables par leurs lumières, leurs services et leur dévouement.

* **36.** (1848.) *Réponse à un Négociant sur le Paracasse.*

* **37.** (1848.) *Lettre à l'Académie de Reims, sur la révolution de février. Mes remercîments de l'intérêt qui m'a été témoigné dans ma maladie.*

* **38.** (1848.) *Origine du Commerce du vin de Champagne.*
2ᵉ impression.

Progrès croissant depuis 80 ans de ce beau commerce indigène, malgré de graves obstacles. Il est encore loin du but qu'il peut atteindre par la replantation des cépages de la première qualité, dans les côteaux privilégiés pour le sol et pour l'exposition ; par la publicité et par la protection éclairée du gouvernement, qui peut créer des débouchés par ses consulats, et encourager les industriels par des colis sur les vaisseaux de l'Etat.

* **39.** (1848.) *Question de l'amélioration du sort des ouvriers.*

Ils forment la majorité de la population. Leur influence sur les produits, sur la richesse générale. L'Etat est leur tuteur naturel. C'est pour la République un devoir sacré de protéger les ouvriers dans leur existence, dans leur travail, dans leur éducation, dans leur bien-être progressif. Ces devoirs peuvent être remplis, sans charge nouvelle pour les riches, et sans nulle perturbation. L'ignorance de ces devoirs publics est un des torts de l'antiquité païenne, un tort plus grave du moyen-âge chrétien, un tort plus grave encore des publicistes modernes, adorateurs de l'antiquité et des temps archéologiques.

* **40.** (1848.) *Nouvelle architecture navale.*

Principes rigoureux et mathématiques sur le vice fondamental de la forme adoptée pour le vaisseau ; et sur la préférence à donner à une nouvelle construction, autant et plus résistante aux efforts des vagues, et offrant d'éminents avantages sur les vingt points les plus importants de la science navale.

Note. L'échec subi par cet ouvrage m'en a fait faire une révision soignée, et j'ai reconnu dans les données un chiffre étrangement erroné, (que pourtant j'avais puisé dans l'encyclopédie méthodique). Mais le refus d'une discussion loyale à l'Institut et au ministère, n'en est pas moins un scandale, et une calamité déplorable et sans excuse. Car cette faute n'infirme en rien les grands avantages exclusivement attachés à ma construction ; qui succédera à celle actuelle.

* **41.** (1848.) *Sur l'organisation du travail.*

Définition d'une organisation du travail relativement au fabricant et à l'agriculteur, au capitaliste, à l'ouvrier, au consommateur, à l'industrie, à la statistique. Les conditions qui nous manquent ne dépendent que de notre volonté. La protection du prolétaire par le riche et par l'Etat est un devoir sacré. La Providence elle-même a pourvu aux frais de cette protection. Conséquences funestes causées par le manque de cette protection. Institution d'une vaste administration tutélaire, sans rien coûter ni à l'état ni aux riches.

* **42.** (1848.) *Théorie du règne du mal sur la terre.*

Souffrances des prolétaires ; maux des riches et leurs dangers périodiques. Ce n'est pas pour ce spectacle déplorable que Dieu a créé la nature et l'homme. Inconséquence de notre orgueil de ne pas voir que le Créateur tient dans sa main l'élément du temps nécessaire à nous ouvrir les yeux sur nos devoirs, et à nous donner le courage de conquérir une meilleure destinée sur la terre ; destinée utile à sa propre glorification. Développements sur le plan de Dieu envers nous. Il a permis le mal ; il l'a voulu afin de nous faire apprécier le bien qu'il nous a préparé ici-bas, et de nous donner le mérite de sa conquête.

Mesures de prudence et de douceur pour diminuer peu à peu les maux présents, et pour fonder solidement un avenir terrestre plus digne de nous, sans perturbations, sans frais pour les riches.

* 43. (1848.) *Sur le Choléra asiatique.*

Son berceau. Ses années d'excessive abondance, ses voyages à l'Occident, soit dans l'air, à petites journées, soit dans nos ballots de commerce, à grande vitesse.

Il peut être intercepté à son invasion, dans un pays civilisé. Il peut en être expulsé par des lignes de feux dirigées vers l'Océan. Vues sur sa propagation imparfaite chez nous, et sur son extinction spontanée et presque totale.

* 44. (1848.) *Dialogue sur la loi divine du travail.*

Dieu lui-même nous a imposé à tous sans exception la loi du travail, ou des bras, ou de l'esprit; comme puissant moyen d'obtenir sur la terre, quand nous saurons observer cette loi, une félicité pure, digne de notre auteur, et durable à jamais. Obstacles opposés par les factions et par l'ignorance; leur destruction. Mesures pour ramener à l'ordre les travailleurs démoralisés, et pour affermir la confiance et les bons sentiments des travailleurs honnêtes. Le travail et les bras sont toujours proportionnés en masse. Mais quelquefois il y a trop de distance entre eux; et c'est notre défaut d'activité administrative et de publicité qui cause des souffrances dans plusieurs pays à la fois. Epilogue pour établir sur cette matière une controverse profitable à tous.

* 45. (1848.) *Mon candidat à la présidence de la République.*

Que mes concitoyens se concertent pour publier dans toutes les communes les conditions de lumières, de mérite, de services, de dévouement, que doit réunir notre premier président, appelé à faire régner l'ordre, la loi, la propriété, l'industrie, l'agriculture et le bien-être progressif du prolétaire; et bientôt on verra les factieux renoncer à leurs sourdes menées; les hommes intelligents reprendre leurs spéculations; les bras s'occuper utilement; et la confiance renaître avec l'activité sur tous les points de la République.

Le général Cavaignac me paraît digne des suffrages de la classe des ouvriers honnêtes, de la garde nationale, de l'armée de terre et de mer, de la magistrature, de l'administration, et du corps respectable du clergé, surtout s'il accepte chaudement sa mission d'éclairer les vivants sur les desseins de l'Eternel relativement à notre vie temporelle. Durant notre première olympiade, un nouveau candidat nous sera révélé. Eh bien! nous nous réunirons en 1852, pour lui décerner la haute magistrature.

46. (1849.) *Lettres récentes d'un philosophe croyant, à son ancien ami M. S.*

Les maux qui ont désolé la terre, surtout depuis quatre mille ans, sont les effets de notre désobéissance aux lois divines, connues les unes de tous temps, les autres plus récemment; ainsi que les effets du mauvais emploi que, par ignorance, notamment en matière d'éducation, nous avons fait, des deux dons précieux de l'intelligence et du libre arbitre. Ces maux cesseront, comme par enchantement, quand nous ferons servir nos facultés, nos connaissances acquises et nos votes, à garantir l'existence des infirmes, le bien-être croissant des bons ouvriers, la répression prompte des mauvais travailleurs, le maintien de l'ordre, l'instruction primaire, obligatoire et chrétienne, l'amélioration matérielle et morale progressive de toutes les classes, aux frais de la seule patente de l'industrie inventionnelle, toute à naître, et qui devra être efficacement protégée. C'est alors qu'il y aura affection et union entre tous les enfants de la République; que Dieu sera honoré, aimé et glorifié parmi nous. C'est alors que les autres nations nous imiteront dans notre conquête pacifique du bonheur temporel, et dans l'acquisition mutuelle du bonheur céleste.

47. (1849, 1850.) *Mémoire sur le Paracasse.*

Importance de la question. La perte du vin tiré en mousse, qui, au taux du prix de revient, était de 200 mille francs, il y a 70 ans, et qui est aujourd'hui de trois millions, peut être réduite à zéro, par mon procédé, qui offre le second avantage de donner chaque année, et avec régularité, au vin qu'il préserve de la casse, le plus haut degré possible de mousse et de qualité; et le troisième avantage de n'employer que le verre ordinaire, coûtant par bouteille 4 centimes de moins que celui préféré. Or, ces trois avantages donnent au producteur un bénéfice annuel qui, dès la première année, surpasse l'achat du Paracasse, dont la durée est centenaire !

Si j'ai le temps de faire une nouvelle rédaction de ce mémoire, je supprimerai beaucoup d'articles du texte et des calculs, devenus superflus, et j'ajouterai les trois règles pratiques :

1° Sur le choix, sans frais, des bouteilles toutes capables de soutenir l'expansion finale du gaz de la grande mousse.

2° Sur la connaissance du parachèvement du travail de la mousse.

3° Sur la préparation à priori d'une cuvée, pour qu'après la fermentation sensible, le vin ait toujours obtenu et conserve le plus haut degré de qualité, avec le degré précis demandé de mousse en atmosphères et dixièmes d'atmosphère.

Ainsi, la question proposée depuis longtemps par la société pour l'encouragement de l'industrie nationale se trouve ici, quoique d'une manière indirecte, résolue complètement, et avec une économie inattendue. Puisque non seulement je ne laisse briser aucune des bouteilles actuellement en usage, non seulement je n'élève pas le prix actuel des bouteilles, mais encore je permets le retour au prix commercial du verre, au commencement du siècle; économie qui à elle seule, vaut 3600 fr. pour les bouteilles que préserve annuellement un seul Paracasse.

* **48. (1850.)** *Concours sur la question : « Montrer quelles modifications » dans les mœurs publiques ou privées paraissent devoir être le plus » favorables au progrès de l'agriculture, et à la moralité comme au » bien-être des populations agricoles. »*

Des modifications de cinq sortes sont à introduire et à encourager dans les mœurs privées et publiques des cultivateurs :

1° Le gouvernement d'abord devra témoigner et réitérer solennellement à la population active des champs qu'elle est l'objet de sa sollicitude; qu'elle sera protégée contre les ennemis furieux de l'ordre et de l'union; qu'elle sera favorisée dans son enseignement primaire; qu'elle sera récompensée dans le travail et la bonne conduite.

2° L'administration paternelle habituera l'agriculteur à comparer le passé au présent; à se rendre compte de ses droits, sans les exagérer; à s'instruire par ses yeux et par l'exemple de ses voisins; à reconnaître le faux de plusieurs anciens préjugés; à y renoncer ainsi qu'aux routines abusives; à tirer de la terre des produits aussi sûrs, aussi prompts que ceux des capitaux industriels; à se former lui-même son crédit par la publicité et par la franchise; ce qui déterminera bientôt l'offre de capitaux libres.

3° Le cultivateur devra encore un peu plus qu'aujourd'hui remplir, en esprit et en vérité, les grands devoirs de l'amour de Dieu et du prochain.

4° Il devra étudier avec soin les œuvres de la création, et les principales lois qui les régissent.

5° Le gouvernement devra pourvoir peu à peu les communes de petits livres clairs et moraux, principalement sur les vertus à pratiquer, et sur les vices à fuir.

* **49.** (1850.) *Sur la récente et brillante expérience d'optique, etc.*

Cette expérience nous montre l'acquisition d'un instrument, qui mesure avec précision la vitesse actuelle d'un faisceau lumineux donné; mais non pas, ainsi qu'on l'imagine, la vitesse de toute lumière. Car la vitesse de la lumière solaire elle-même, à son origine, n'est pas toujours égale. Mais l'expérience n'infirme en rien le système de l'émission.

Mon petit écrit contient les raisons principales du tort qui, dans l'enseignement de la physique, résulterait de l'engoûment exagéré pour le système des ondulations; et généralement de l'application *illicite* de la haute analyse aux grands phénomènes de la vision, de la réflexion, de la réfraction... à moins que l'on ne se hâte de reconnaître que la translation dans l'optique des théories légitimes de l'acoustique, n'est qu'une illusion merveilleuse; dont les résultats sont propres à nous fournir des explications curieuses des phénomènes naturels; et à nous les retracer par une sorte de procédés mnémoniques.

* **50.** (1850.) *Sur le Vaisseau aérien.* — Second écrit.

§ 1. Etat de la question. § 2. Solution exacte par le calme, pour la vitesse 1^m en $1''$, sauf la durée de l'accélération, qui serait de six minutes dans la direction horizontale. § 3. Le vent 5^m en $1''$ est contraire à la marche. La force motrice actuelle est de sept chevaux vapeurs, ou vingt-six fois la première. Et la durée de l'accélération est $16''$.

Je n'ai pas dit mon dernier mot, ni même mon avant-dernier

* **51.** (1851.) *Pétition à l'Assemblée nationale.*

Exposition de cinq questions vitales. Projet de loi sur leur mise au concours dans l'année, et dans les suivantes.

* **52.** (1851.) *De la législation sur les brevets d'invention.*

Comment peut-on laisser ignorer encore que, malgré notre dénûment de livres, d'écoles rurales et industrielles, d'encouragements publics et de protection, l'accrue annuelle, depuis soixante ans, de nos seules richesses inventionnelles est de *deux milliards ?* Comment ne pas voir que, par une bonne administration, cette source de nos richesses, qui désormais ne peut plus s'amoindrir, peut, sans plus de frais qu'aujourd'hui, accroître, plus que par le passé, la fortune des spéculateurs, et à la fois commencer par degrés insensibles à améliorer le sort matériel et moral des bons travailleurs ?

Proposition d'une législation plus sage.

* **53.** (1851.) *Question malthusienne.*

Enoncé rigoureux. Moyens préjudiciels. Nous avons cinq cents ans devant nous. Moyens ultérieurs à l'arbitre de la civilisation ; et bienfaits à attendre de la Providence. Solution précise : équilibre rationnel entre les naissances et les décès.

* **54.** (1851.) *Système des principes du bonheur à obtenir sur la terre, sans aucune perturbation dans les lois, dans les mœurs et dans les usages, et sans qu'il en coûte aux riches, ni à l'Etat.*

Dons précieux que nous tenons de Dieu, et dans l'ordre surnaturel, et dans l'ordre naturel.

Physiologie de l'être trop négligé, le genre humain.

Naissance des maux terrestres croissants, par l'oubli et la défection de nos devoirs envers Dieu, envers nous, et envers nos semblables, ainsi que par l'accumulation opiniâtre de nos iniquités et de nos inconséquences.

Eléments rationnels et faciles du bonheur humain sur la terre.

* **55.** (1851.) *Dialogue sur la situation intérieure de la France.*

La prépondérance attribuée à la littérature est une des sources de nos erreurs les plus funestes. Enoncé et développement de plusieurs propositions capitales : Il y a assez d'ouvrage pour tout le prolétariat. La masse des ouvrages annuels va en augmentant. Il dépend de l'administration que jamais il n'y ait ni chômage, ni cherté, ni émeute, ni révolution, ni monopoles, ni aucun surcroît de dépenses pour les riches, ni pour le trésor.

L'activité et l'honneur de notre caractère national exigent chaque année, chaque mois, l'annonce, la discussion, la réalisation proportionnée aux ressources présentes, ainsi que la publicité du compte régulièrement rendu, de l'une au moins des vingt premières mesures de sagesse et de prudence, dictées par le devoir de garantir aux riches l'accroissement de leurs avantages présents, et aux bons travailleurs l'amélioration progressive de leur bien-être.

* 56. (1851.) *Catalogue raisonné des écrits de M. A^d Maizière.*

Chaque mémoire est, par les principes et par la logique, une démonstration mathématique, qui me survivra, d'un grand bien, qui, sans secousse, ni déception, peut être produit dans notre pauvre France; tel que la garantie sérieuse de l'existence du prolétaire, d'une protection tutélaire envers lui, et de l'amélioration de son bien-être par degrés insensibles; ou tel que la garantie de l'existence du riche, de sa propriété, de l'accroissement plus sensible que jamais de ses biens; et cela, sans rien changer aux administrations existantes, ni aux traitements des employés, sans rien ajouter aux charges du budget; et seulement en ouvrant les yeux du pouvoir sur les trésors de tout temps préparés à cet usage, par la bonté et la sagesse de Dieu.

J'ai toute ma vie été patient pour supporter le mal, trop indulgent peut-être envers les autres, même dans la mauvaise voie. Mais à tout ce qui est humain, il y a un terme. Et peut-être il est temps pour moi de déclarer de dures vérités.

Probablement, parce que je suis vieux, pauvre, obscur, isolé, réduit légalement à six cents francs de retraite universitaire, tandis que j'avais un droit rigoureux à deux mille fr.; parce que je me suis longtemps trouvé comprimé moralement dans les immenses perturbations successives de la politique du sabre ou de l'intrigue; et parce qu'enfin je suis privé de l'organe de la parole depuis dix ans, il est arrivé que mes écrits n'ont été ni controversés de bonne foi, et publiquement, ni même lus pour la plupart; et que je suis au moins une exception aux savants de seconde ou troisième classe, qui ont tous reçu des encouragements mérités et des pensions sur les fonds ministériels destinés à cet objet.

Et pourtant, si, sous le dernier règne, au lieu d'être l'objet de froids éloges, semblables à des mystifications, j'avais pu être compris, remarqué, protégé légalement, par les autorités municipales, par les chambres de commerce, les magistrats judiciaires, les sous-préfets, les préfets, les ministres, les académies savantes, et même par les autorités sacerdotales, qui auraient dû trouver dans plusieurs de mes écrits, mieux que dans les livres et conférences, plus remarquables par le style et par le savoir historique et théologique, les véritables éléments de tout temps préparés par la Providence, pour protéger surtout vingt-six millions de chrétiens toujours dans les privations, quelquefois dans la souffrance; pour leur promettre au plutôt, et pour faire naître peu à peu dans leurs cœurs la consolation, la confiance, le soulagement, le contentement temporel, la reconnaissance envers Dieu, envers le gouvernement, et par conséquent pour ramener, dans le temps marqué, au bercail, les brebis et les agneaux; pour faire éclater la justification et la glorification croissante et éternelle de Dieu; et même, sans charger le budget, ni les propriétaires, pour restituer, avec plus de discernement, au clergé, plus de richesses qu'il ne lui en a été ravi ; et pour assurer au culte plus de magnificence que dans les siècles révérés pour leur foi archéologique. Et moi, toujours chétif, et écrivain inculte, j'eusse été honoré, béatifié, et placé au rang des bienfaiteurs de la Champagne et de la France.

Il est vrai que, vis-à-vis du pouvoir, dont je préconise les bonnes actions, ou même des académies, dont je puis apprécier les actes publics, je ne sais ni flatter, ni mendier, ni solliciter autrement que par mes services, mes études et mes sentiments ; que je suis habitué à la pauvreté ; et que je me retire quand on agit envers moi comme l'a fait, il y a dix-huit ans, le grand secrétaire d'un grand ministre, à qui j'avais demandé une audience pour une chose de toute justice ; son secrétaire donc, en prenant, d'un air dédaigneux, le papier sur lequel j'avais tracé deux pages de mes titres à l'appui de ma demande, me déclara sèchement que c'était trop long, et que le temps manquait pour lire les longues pétitions.

Faute de fortune et de renommée pour des éditions ordinaires, j'ai pu seulement faire imprimer plusieurs de mes ouvrages à un petit nombre d'exemplaires, distribués, mais en vain, jusqu'ici à des amis, à des sociétés savantes, et aux ministres.... dans la présomption que quelqu'un serait lu, et produirait un changement favorable dans la politique intérieure, ou dans l'enseignement de la physique ; et que l'on renoncerait à la coutume absurde de se refuser à examiner et à discuter un point de science, avant d'avoir suffisamment motivé ce refus.

Ceux de mes écrits qui sont marqués d'un astérisque, seront envoyés gratuitement aux personnes qui me les demanderont par lettres affranchies, avec l'intention d'en faire la discussion.

REIMS, IMPRIMERIE DE E. LUTON.